21 mujeres increíbles

La influyente vida de las valientes mujeres científicas del siglo XX (Libro de biografías para jóvenes y adultos)

Por Student Press Books

Tabla de contenidos

Introducción

Conoce a las impresionantes científicas del siglo XX - biografías para mayores de 12 años.

Bienvenido a la serie Empoderamiento femenino. Este libro le presenta a las mujeres científicas del siglo XX. Con 21 Mujeres increíbles, este libro presenta biografías inspiradoras de mujeres inteligentes y decididas en la ciencia de todo el mundo.

¿Eres capaz de nombrar a una mujer de la ciencia del siglo XX? Piénsalo bien. La mayoría de estas mujeres siguen vivas y en activo incluso algunas de ellas, siguen trabajando como científicas. Sin embargo, sus nombres no han sido tan conocidos ni se ha escrito demasiado sobre ellas en comparación con sus homólogos masculinos...

Estas mentes revolucionarias merecen que se cuenten sus historias, y este libro te ayudará a entenderlas mejor mientras te formas sobre sobre las grandes científicas de la historia. Si crees en el empoderamiento femenino, este libro de 21 mujeres increíbles es una lectura obligada.

Sumérgete en las historias dibujadas a través de vivaces biografías de mujeres científicas del siglo XX. Estas 21 mujeres increíbles superaron muchos obstáculos con determinación y resistencia para lograr enormes avances contra todo pronóstico. Deja que estas increíbles vidas hablen a tu corazón y comparte las historias con otros.

Este libro de la serie Empoderamiento femenino abarca:

- Biografías fascinantes: Lee las historias de Stephanie Kwolek, Rachel Carson, Maria Goeppert Mayer, Rosalind Franklin, Rosalyn S. Yalow, Rita Levi-montalcini, Chien-shiung Wu, Katherine Johnson, Florence Rena Sabin, Tu Youyou, Françoise Barré-sinoussi, Margaret Hamilton, Emmy Noether, Valentina Tereshkova, Lynn Margulis, Margaret Mead, Cecilia Payne-gaposchkin, Jocelyn Bell Burnell, Lise Meitner, Christiane Nüsslein-volhard y Peggy Whitson.
- Retratos vívidos: haz que estas Mujeres increíbles cobren vida en tu imaginación con la ayuda de estimulantes fotos o ilustraciones.

Sobre la serie: La serie **Empoderamiento femenino** de Student Press Books presenta nuevas perspectivas sobre el **empoderamiento femenino** que inspirarán a los jóvenes lectores a considerar su lugar en una sociedad cada vez más diversa. ¿Quién será tu próxima fuente de inspiración?

21 Mujeres increíbles va más allá de otros libros de biografías sobre el empoderamiento femenino ya que pretende destacar temáticas y personalidades de todo el mundo a través del tiempo. También es un gran regalo para cualquier hija, hermana, sobrina o nieta.

Tu regalo

Tienes un libro en tus manos.

No es un libro cualquiera, es un libro de Student Press Books. Escribimos sobre héroes negros, mujeres empoderadas, mitología, filosofía, historia y otros temas interesantes.

Ya que has comprado un libro, queremos que tengas otro gratis.

Todo lo que necesita es una dirección de correo electrónico y la posibilidad de suscribirse a nuestro boletín (lo que significa que puede darse de baja en cualquier momento).

¿A qué espera? Suscríbase hoy mismo y reclame su libro gratuito al instante. Todo lo que tiene que hacer es visitar el siguiente enlace e introducir su dirección de correo electrónico. Se le enviará el enlace para descargar la versión en PDF del libro inmediatamente para que pueda leerlo sin conexión en cualquier momento.

Y no te preocupes: no hay trampas ni cargos ocultos; sólo un regalo a la vieja usanza por parte de Student Press Books.

Visite este enlace ahora mismo y suscríbase para recibir un ejemplar gratuito de uno de nuestros libros.

Link: https://campsite.bio/studentpressbooks

Stephanie Kwolek (1923 - 2014)

Química estadounidense conocida por su papel en la invención del Kevlar

"Espero salvar vidas. Hay muy poca gente en su carrera que tenga la oportunidad de hacer algo en beneficio de la humanidad."

Stephanie Kwolek fue pionera en la investigación de polímeros. Su trabajo dio lugar al Kevlar, un material ultraresistente y ultraespeso conocido por su uso en chalecos antibalas.

Stephanie Louise Kwolek nació el 31 de julio de 1923 en New Kensington, Pensilvania. Su padre, trabajador de una fundición, murió cuando ella tenía 10 años, y su madre la crió sola a ella y a un hermano. En 1946, Kwolek se licenció en química en el Instituto Tecnológico Carnegie (actual Universidad Carnegie Mellon), en Pittsburgh (Pensilvania).

Con la intención de estudiar medicina, Stephanie Kwolek empezó a trabajar como química de laboratorio en el departamento de rayón de la empresa DuPont en Buffalo (Nueva York). DuPont había introducido el material plástico nylon justo antes de la Segunda Guerra Mundial. En los años de la posguerra, la empresa reanudó su andadura en el competitivo mercado de las fibras sintéticas.

Stephanie Kwolek se dedicó así a la investigación básica en un campo nuevo y de rápido crecimiento. Como resultado, = Kwolek nunca dejó de trabajar en DuPont. Se trasladó con el Laboratorio de Investigación Pionera de la empresa a Wilmington, Delaware, en 1950.

Stephanie Kwolek es más conocida por su trabajo durante los años 50 y 60 con las aramidas, o "poliamidas aromáticas", un tipo de polímero que puede convertirse en fibras fuertes, rígidas y resistentes a las llamas. Su trabajo de laboratorio sobre las aramidas se realizó bajo la supervisión del investigador Paul W. Morgan.

Stephanie Kwolek determinó los disolventes y las condiciones adecuadas para producir un compuesto que DuPont lanzó al mercado en 1961 como una fibra resistente al fuego llamada Nomex. A continuación, amplió su trabajo a dos "polímeros de cristal líquido", los primeros jamás preparados. A partir de estos dos polímeros se hilaron fibras que mostraban una rigidez y una resistencia a la tracción sin precedentes. Una de ellas se comercializó en 1971 con el nombre comercial de Kevlar, una fibra que se utiliza en cuerdas de neumáticos de alta resistencia, cascos de barcos reforzados y otras piezas estructurales, y chalecos antibalas ligeros.

Stephanie Kwolek se jubiló de DuPont con el rango de investigadora asociada en 1986. Tras haber acumulado muchas patentes y premios en su carrera, Kwolek continuó en su jubilación trabajando como consultora y conferenciante. Murió el 18 de junio de 2014 en Wilmington, Delaware.

Destacados

- DuPont había introducido el nylon justo antes de la Segunda Guerra Mundial, y en los años de la posguerra la empresa reanudó su impulso en el mercado altamente competitivo de las fibras sintéticas.

- DuPont se trasladó con el Laboratorio de Investigación Pionera de la empresa a Wilmington (Delaware) en 1950 y se jubiló con el rango de investigador asociado en 1986.
- Kwolek es más conocida por su trabajo durante los años 50 y 60 con las aramidas, o "poliamidas aromáticas", un tipo de polímero que puede convertirse en fibras fuertes, rígidas y resistentes a las llamas.
- Su trabajo de laboratorio sobre las aramidas se llevó a cabo bajo la supervisión del investigador Paul W. Morgan, quien calculó que las aramidas formarían fibras rígidas debido a la presencia de voluminosos anillos de benceno (o "aromáticos") en sus cadenas moleculares, pero que tendrían que prepararse a partir de una solución porque sólo se funden a temperaturas muy altas.

Preguntas de investigación

---

1. ¿Cuál es el proyecto de investigación más interesante en el que ha colaborado?
2. ¿Cuál es su descubrimiento científico favorito de todos los tiempos y por qué cree que puede ser tan influyente o tener un impacto tan grande en la sociedad en general?

Rachel Carson (1907 - 1964)

Biólogo marino y escritor de naturaleza estadounidense

"Una forma de abrir los ojos es preguntarse: "¿Y si nunca hubiera visto esto antes? ¿Y si supiera que nunca más lo vería?".

Aprovechando su fascinación infantil por la vida salvaje y el mar, la bióloga estadounidense Rachel Carson se convirtió en una escritora científica cuyas obras atraen a un gran número de lectores. Su encantador libro The Sea Around Us (El mar que nos rodea), publicado en 1951, fue un éxito de ventas y ganó el National Book Award.

La profética obra de Rachel Carson Primavera silenciosa (1962), sobre los peligros de los pesticidas en la cadena alimentaria, creó una conciencia mundial sobre los peligros de la contaminación.

Rachel Louise Carson nació el 27 de mayo de 1907 en Springdale, Pensilvania. Realizó sus estudios universitarios en el Pennsylvania College for Women, donde se licenció en 1929. Posteriormente, obtuvo un máster en la Universidad Johns Hopkins en 1932.

De 1931 a 1936 enseñó zoología en la Universidad de Maryland. Durante este periodo, Carson también enseñó en la escuela de verano de Johns Hopkins y estudió en el Laboratorio Biológico Marino de Woods Hole, Mass.

Rachel Carson aceptó un puesto en 1936 como bióloga acuática en la Oficina de Pesca de los Estados Unidos (desde 1940 llamada Servicio de Pesca y Vida Silvestre de los Estados Unidos). Ocuparía este puesto gubernamental durante los siguientes 16 años. De 1949 a 1952 fue editora jefe de las publicaciones del Servicio de Pesca y Vida Silvestre. Para entonces, Carson ya era muy conocida como escritora científica.

Los tres primeros libros de Rachel Carson trataban sobre la vida marina: Under the Sea-Wind (1941), The Sea Around Us y The Edge of the Sea (1955) mostraban el notable talento de Carson para combinar la observación científica con descripciones en prosa elegantes y líricas.

Tras la publicación de La orilla del mar, Rachel Carson dedicó gran parte de los cinco años siguientes a investigar para Primavera silenciosa. El libro, que detallaba los efectos nocivos de pesticidas como el DDT en el medio ambiente -y en particular en la vida silvestre-, se convirtió en su segundo best-seller y hoy se considera una obra fundamental en la historia del movimiento ecologista moderno. Murió el 14 de abril de 1964.

Destacados

- Rachel Carson desarrolló muy pronto un profundo interés por el mundo natural.
- Ingresó en el Pennsylvania College for Women con la intención de convertirse en escritora, pero pronto cambió su especialidad de inglés a biología.

- Un artículo publicado en The Atlantic Monthly en 1937 sirvió de base para su primer libro, Under the Sea-Wind, publicado en 1941. The Sea Around Us (1951) se convirtió en un best seller nacional, ganó el National Book Award y se tradujo a 30 idiomas.
- La perspectiva del movimiento ecologista de los años sesenta y principios de los setenta era generalmente pesimista y reflejaba un sentimiento generalizado de "malestar de la civilización" y la convicción de que las perspectivas de la Tierra a largo plazo eran sombrías.

Preguntas de investigación

---

1. ¿Qué le gustaría que todo el mundo supiera sobre las mujeres en la ciencia?
2. ¿Cómo ha reaccionado el mundo ante su (futura) elección de carrera?
3. ¿Por qué muchas mujeres científicas del siglo XX no fueron consideradas (altamente) influyentes?

Maria Goeppert Mayer (1906 - 1972)

Físico teórico estadounidense nacido en Alemania y ganador del Premio Nobel en 1963

"Ganar el premio no fue ni la mitad de emocionante que hacer el trabajo en sí".

La física estadounidense de origen alemán Maria Goeppert Mayer fue una autoridad en física nuclear. Ganó el Premio Nobel de Física de 1963 con J. Hans D. Jensen y Eugene P. Wigner. Mayer y Jensen recibieron su parte del premio por su explicación de la estructura y propiedades de los núcleos atómicos.

Maria Goeppert nació en Kattowitz, Alemania (actualmente Katowice, Polonia), el 28 de junio de 1906. Su padre era profesor de pediatría en la

Universidad de Gotinga (Alemania). Mayer estudió física teórica en esa universidad con Max Born y se doctoró en 1930. Ese mismo año se casó con Joseph E. Mayer, físico químico estadounidense, y se trasladaron a Estados Unidos para dar clases en la Universidad Johns Hopkins, en Baltimore (Maryland). Maria Goeppert Mayer obtuvo la nacionalidad estadounidense en 1933.

En 1939 Maria Goeppert Mayer comenzó a dar clases en la Universidad de Columbia, en Nueva York. En Columbia, trabajó en la separación de isótopos de uranio para la bomba atómica en el Proyecto Manhattan. Mayer también dio clases en el Sarah Lawrence College, en Bronxville, Nueva York, en 1942-45. En 1945 continuó sus investigaciones en Illinois, en el Instituto de Estudios Nucleares de la Universidad de Chicago y en el cercano Laboratorio Nacional de Argonne.

En 1949, Maria Goeppert Mayer explicó la gran abundancia y estabilidad de los núcleos que tienen un número determinado de protones y neutrones en términos del llamado modelo nuclear de concha. Según este modelo, el núcleo del átomo está formado por varias cáscaras, o capas esféricas, cada una de ellas llena de protones y neutrones.

Una teoría similar fue desarrollada al mismo tiempo en Alemania por Jensen. Mayer y Jensen describieron su modelo en Elementary Theory of Nuclear Shell Structure (1955), que escribieron conjuntamente. En 1960 Maria Goeppert Mayer y su marido se trasladaron a la Universidad de California en San Diego. Maria Goeppert murió en San Diego el 20 de febrero de 1972.

Destacados

- Maria Goeppert estudió física en la Universidad de Gotinga (doctorado, 1930) bajo un comité de tres premios Nobel.
- En 1930 se casó con el físico químico estadounidense Joseph E. Mayer, y poco después le acompañó a la Universidad Johns Hopkins de Baltimore (Maryland).
- En 1939, ella y su marido obtuvieron una plaza de químico en la Universidad de Columbia, donde Maria Mayer trabajó en la separación de isótopos de uranio para el proyecto de la bomba atómica.

- Maria Goeppert recibió un nombramiento regular como profesora titular en 1959.

Preguntas de investigación

---

1. ¿Cuáles son algunas soluciones prácticas para superar estas barreras a las que se enfrentan las mujeres en su camino para convertirse en científicas o físicas?
2. ¿Cuál cree que fue uno de los momentos más decisivos de su vida (por ejemplo, un descubrimiento que hizo)?
3. ¿Conoce alguna historia de mujeres destacadas que le hayan inspirado o ayudado a superar un momento difícil, ya sea dentro o fuera de las ciencias?

Rosalind Franklin (1920 - 1958)

Químico y cristalógrafo de rayos X inglés

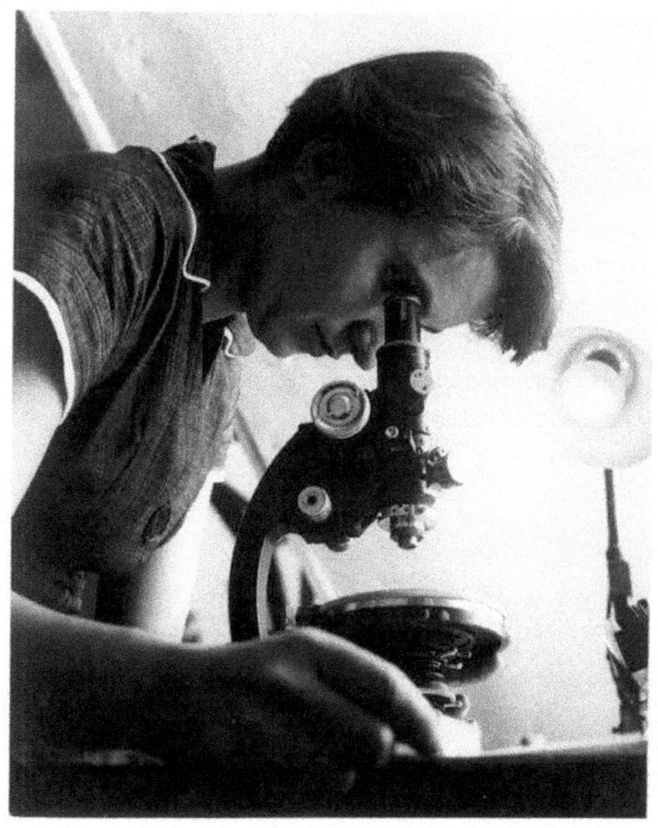

"La ciencia y la vida cotidiana no pueden ni deben separarse".

Biofísica británica, Rosalind Franklin es conocida sobre todo por sus contribuciones al descubrimiento de la estructura molecular del ácido desoxirribonucleico (ADN). El ADN es la principal sustancia que compone los cromosomas y los genes, el material hereditario.

Cuando Francis Crick, James Watson y Maurice Wilkins recibieron el premio Nobel de fisiología o medicina en 1962 por determinar la estructura de la molécula de ADN, muchos científicos creyeron que Rosalind Franklin debería haber sido honrada con ellos.

Nacida en Londres el 25 de julio de 1920, Rosalind Elsie Franklin obtuvo una beca en el Newnham College de Cambridge. Tras su graduación en 1941, comenzó a investigar la estructura física de los carbones y los carbones carbonizados. Trabajando en París de 1947 a 1950, adquirió experiencia en el uso de la difracción de rayos X como técnica analítica. (La difracción de rayos X es un método para analizar la estructura cristalina de los materiales haciendo pasar rayos X a través de ellos y observando la imagen de difracción, o dispersión, de los rayos).

Rosalind Franklin utilizó esta técnica para describir la estructura de los carbonos con más precisión de lo que había sido posible hasta entonces. También determinó que hay dos clases distintas de carbonos: los que forman grafito cuando se calientan a altas temperaturas y los que no.

En 1951, Rosalind Franklin se incorporó a la unidad de biofísica del King's College Medical Research Council. Con Raymond Gosling realizó estudios de difracción de rayos X sobre la estructura molecular del ADN. Basándose en estos estudios, al principio llegó a la conclusión de que la estructura era helicoidal (con brazos en espiral).

Investigaciones posteriores hicieron que Franklin cambiara de opinión, y se dejó a Watson y Crick la tarea de desarrollar el modelo de doble hélice de la molécula que resultó ser coherente con las propiedades conocidas del ADN. Sin embargo, algunos de los datos utilizados por esos científicos en su exitoso esfuerzo fueron producidos primero por Rosalind Franklin.

Desde 1953 hasta su muerte, el 16 de abril de 1958, Rosalind Franklin trabajó en el laboratorio de cristalografía del Birkbeck College de Londres. Allí Franklin publicó sus primeros trabajos sobre el carbón y ayudó a determinar la estructura del virus del mosaico del tabaco.

Destacados

- Paul's Girls' School antes de estudiar química física en el Newnham College de la Universidad de Cambridge.

- Tras licenciarse en 1941, recibió una beca para investigar en química física en Cambridge.
- Cuando comenzó su investigación en el King's College, se sabía muy poco sobre la composición química o la estructura del ADN.
- Su trabajo para obtener patrones de rayos X más claros de las moléculas de ADN sentó las bases para que James Watson y Francis Crick sugirieran en 1953 que la estructura del ADN es un polímero de doble hélice, una espiral formada por dos hebras de ADN enrolladas una alrededor de la otra.

Preguntas de investigación

---

1. ¿Qué opina de la contribución de Franklin a la ciencia?
2. ¿Quién sería la segunda en su lista de mujeres científicas famosas?
3. ¿Debe la sociedad incluir más a las mujeres científicas en el futuro?

Rosalyn S. Yalow (1921 - 2011)

Física médica estadounidense, y la segunda mujer en ganar el Premio Nobel de Medicina

"Debemos creer en nosotros mismos, ya que nadie más va a creer en nosotros, debemos hacer coincidir nuestras expectativas con la competencia, el coraje y la determinación para tener éxito".

Rosalyn Sussman Yalow recibió conjuntamente el Premio Nobel de Fisiología o Medicina de 1977. Yalow recibió el premio por su desarrollo del radioinmunoanálisis (RIA), una técnica para medir los niveles de insulina (una hormona que regula el nivel de azúcar, o glucosa, en la sangre) y otras sustancias en el organismo. Los otros dos galardonados en 1977 fueron Andrew V. Schally y Roger Guillemin.

Rosalyn Sussman Yalow nació el 19 de julio de 1921 en Nueva York. Yalow se graduó en el Hunter College de la City University de Nueva York en 1941 y cuatro años después se doctoró en física por la Universidad de Illinois. De 1946 a 1950, Yalow dio clases de física en el Hunter College, y en 1947 se convirtió en asesora de física nuclear del Bronx Veterans Administration Medical Center (actual James J. Peters VA Medical Center). Allí, de 1950 a 1970, fue física y jefa adjunta del servicio de radioisótopos. En 1970 fue nombrada jefa del laboratorio.

Junto con un colega, el médico estadounidense Solomon A. Berson, Rosalyn Sussman Yalow comenzó a utilizar isótopos radiactivos para examinar y diagnosticar diversas enfermedades. Las investigaciones de Yalow y Berson sobre la diabetes de tipo II (véase diabetes mellitus) les llevaron a desarrollar la RIA.

En los años 50 se sabía que los individuos con diabetes que eran tratados con inyecciones de insulina animal desarrollaban resistencia a esa hormona. Esta resistencia hacía que los individuos necesitaran mayores cantidades de insulina para contrarrestar los efectos de la enfermedad. Sin embargo, los investigadores no sabían por qué.

Rosalyn Sussman Yalow y Berson teorizaron que la insulina extraña estimulaba la producción de anticuerpos (proteínas protectoras producidas por el sistema inmunitario que libran al organismo de antígenos, o sustancias extrañas). Estos anticuerpos se unían a la insulina e impedían que la hormona entrara en las células y cumpliera su función de metabolizar la glucosa.

Para demostrar su hipótesis, Yalow y Berson combinaron técnicas de inmunología y rastreo de radioisótopos para medir cantidades mínimas de estos anticuerpos, creando así el RIA. Pronto se vio que el método RIA podía utilizarse para medir cientos de otras sustancias biológicamente activas, como virus, fármacos y otras proteínas.

Rosalyn Sussman Yalow permaneció en Nueva York durante el resto de su carrera, donde se convirtió en una distinguida profesora en dos facultades de medicina diferentes. En 1976 fue la primera mujer en recibir el Premio Albert Lasker de Investigación Médica Básica, y en 1988 se le concedió la Medalla Nacional de la Ciencia. Murió el 30 de mayo de 2011 en Nueva York.

Destacados

- Rosalyn S. Yalow se graduó con honores en el Hunter College de la City University de Nueva York en 1941 y cuatro años más tarde se doctoró en física en la Universidad de Illinois.
- De 1946 a 1950 dio clases de física en Hunter, y en 1947 se convirtió en consultora de física nuclear en el Bronx Veterans Administration Hospital, donde de 1950 a 1970 fue física y jefa adjunta del servicio de radioisótopos.
- Con un colega, el médico estadounidense Solomon A. Berson, Yalow comenzó a utilizar isótopos radiactivos para examinar y diagnosticar diversas enfermedades.
- Las investigaciones de Yalow y Berson sobre el mecanismo subyacente a la diabetes de tipo II les llevaron a desarrollar la RIA.
- En 1976 fue la primera mujer en recibir el Premio Albert Lasker de Investigación Médica Básica.

Preguntas de investigación

---

1. ¿Cuáles fueron algunos de los obstáculos profesionales a los que tuvieron que enfrentarse estas mujeres?
2. ¿El paso por la escuela supuso alguna diferencia en cuanto a qué asignatura escuchabas con más atención que otras, o qué hechos se te quedaban más tiempo?

Rita Levi-Montalcini (1909 - 2012)

Premio Nobel italiano, galardonado por sus trabajos en neurobiología

"Sobre todo, no temas los momentos difíciles. Lo mejor viene de ellos"

La neuróloga Rita Levi-Montalcini, junto con el bioquímico Stanley Cohen, compartió el Premio Nobel de Fisiología o Medicina en 1986 por su descubrimiento de una sustancia corporal que estimula e influye en el crecimiento de las células nerviosas. Levi-Montalcini tenía doble nacionalidad italiana y estadounidense.

Rita Levi-Montalcini nació el 22 de abril de 1909 en Turín (Italia). Estudió medicina en la Universidad de Turín e investigó sobre los efectos de los tejidos periféricos en el crecimiento de las células nerviosas. Obligada a esconderse en Florencia durante la ocupación alemana de Italia (1943-45) por su ascendencia judía, Levi-Montalcini no pudo reanudar sus investigaciones en Turín hasta después de la guerra.

En 1947, Rita Levi-Montalcini aceptó un puesto en la Universidad de Washington, St. Louis, Missouri, con el zoólogo Viktor Hamburger, que estudiaba el crecimiento del tejido nervioso en embriones de pollitos.

En 1948 se descubrió en el laboratorio de Hamburger que una variedad de tumor de ratón estimulaba el crecimiento de los nervios cuando se implantaba en embriones de pollo. Levi-Montalcini y Hamburger descubrieron que el efecto se debía a una sustancia presente en el tumor, que denominaron factor de crecimiento nervioso (NGF).

Rita Levi-Montalcini demostró además que el tumor provocaba un crecimiento celular similar en un cultivo de tejido nervioso mantenido vivo en el laboratorio, y Stanley Cohen, que para entonces se había unido a ella en la Universidad de Washington, pudo aislar el NGF del tumor. El NGF fue el primero de los muchos factores de crecimiento celular que se encontraron en el cuerpo de los animales. Desempeña un papel importante en el crecimiento de las células y fibras nerviosas del sistema nervioso periférico.

Rita Levi-Montalcini permaneció activa en este campo, trabajando en la Universidad de Washington hasta 1961 y después en el Instituto de Biología Celular de Roma (Italia). En 1987 Levi-Montalcini recibió la Medalla Nacional de la Ciencia, y en 1988 se publicó una obra autobiográfica, Elogio de la imperfección. En 2001, el primer ministro italiano, Carlo Azeglio Ciampi, nombró a Levi-Montalcini senadora vitalicia por sus destacadas contribuciones a la ciencia. Murió el 30 de diciembre de 2012 en Roma.

Destacados

- Levi-Montalcini estudió medicina en la Universidad de Turín e investigó allí sobre los efectos que los tejidos periféricos tienen en el crecimiento de las células nerviosas.
- En 1947 aceptó un puesto en la Universidad de Washington, St. Louis, Missouri, con el zoólogo Viktor Hamburger, que estudiaba el crecimiento del tejido nervioso en embriones de pollitos.
- En 1948 se descubrió en el laboratorio de Hamburger que una variedad de tumor de ratón estimulaba el crecimiento de los nervios cuando se implantaba en embriones de pollo.

- Levi-Montalcini y Hamburger han descubierto que el efecto se debe a una sustancia presente en el tumor que han denominado factor de crecimiento nervioso (NGF).

Preguntas de investigación

---

1. ¿Cuáles son sus contribuciones e inventos científicos más importantes?
2. ¿Cómo han avanzado las mujeres en la ciencia y la medicina?
3. ¿Cómo se llamaba el cónyuge/pareja de su científico favorito?

Chien-Shiung Wu (1912 - 1997)

Físico experimental y de partículas chino-americano

"Sólo hay una cosa peor que volver a casa del laboratorio y encontrar el fregadero lleno de platos sucios, ¡y es no ir al laboratorio!"

El físico de origen chino Chien-shiung Wu aportó la primera prueba experimental de que el principio de conservación de la paridad no se cumple en las interacciones subatómicas débiles.

Chien-shiung Wu nació el 31 de mayo de 1912 en Liuho, provincia de Jiangsu. Fue a Estados Unidos en 1936 para estudiar en la Universidad de California en Berkeley.

Tras doctorarse en 1940, Wu impartió clases en el Smith College, en Northampton (Massachusetts), y en la Universidad de Princeton, en

Princeton (Nueva Jersey). En 1944 trabajó en la detección de radiaciones en la División de Investigación de Guerra de la Universidad de Columbia, en Nueva York, y se convirtió en profesora de física en 1957.

Desde principios de los años 30, la conservación de la paridad, o simetría, se convirtió en una teoría fundamental de la mecánica cuántica. En 1956, los físicos teóricos Tsung-Dao Lee y Chen Ning Yang propusieron que la paridad no se conserva en una de las tres interacciones nucleares básicas: las interacciones débiles, que rigen la desintegración radiactiva.

En 1957 Chien-shiung Wu les dio la razón al demostrar que las partículas beta desprendidas por los átomos de cobalto-60 tienen una dirección preferente. En 1963, Wu y otros confirmaron la conservación de la corriente vectorial en la desintegración beta nuclear. Wu también estudió la estructura de la hemoglobina. Recibió la Medalla Nacional de la Ciencia en 1975 y fue presidenta de la Sociedad Americana de Física en 1975. Chien-shiung Wu falleció en Nueva York el 16 de febrero de 1997.

Destacados

- Chien-Shiung Wu se graduó en la Universidad Nacional Central de Nankín (China) en 1936 y luego viajó a Estados Unidos para realizar estudios de posgrado en física en la Universidad de California en Berkeley, estudiando con Ernest O. Lawrence.
- Tras doctorarse en 1940, Wu enseñó en el Smith College y en la Universidad de Princeton.
- En 1944 comenzó a trabajar en la detección de la radiación en la División de Investigación de Guerra de la Universidad de Columbia.
- Observó que existe una dirección de emisión preferente y que, por tanto, la paridad no se conserva para esta interacción débil.
- Wu, que recibió la Medalla Nacional de la Ciencia en 1975 y fue presidente de la Sociedad Americana de Física también ese año, estaba considerado como uno de los principales físicos experimentales del mundo.

Preguntas de investigación

---

1. ¿Con qué científicos o científicas está usted más familiarizado?
2. ¿Las mujeres de esta categoría de científicos permitieron que sus nombres quedaran en el olvido?
3. ¿Quiénes son sus científicas favoritas del siglo XX y por qué las considera tan importantes?

Katherine Johnson (1918 - 2020)

Matemático estadounidense de la NASA

"Si te gusta lo que haces, darás lo mejor de ti".

Durante su larga carrera al servicio del programa espacial de Estados Unidos, la matemática estadounidense Katherine Johnson calculó y analizó las trayectorias de vuelo de muchas naves espaciales. Su trabajo ayudó a enviar astronautas a la Luna.

Katherine Johnson nació como Katherine Coleman el 26 de agosto de 1918 en White Sulphur Springs, Virginia Occidental. Su inteligencia y su habilidad con los números se hicieron evidentes desde que era una niña. A los 10 años ya había empezado a ir al instituto.

En 1937, a la edad de 18 años, Coleman se graduó en el West Virginia State College (ahora West Virginia State University), en el Instituto, con los máximos honores. Se licenció en matemáticas y en francés. Tras su graduación, se trasladó a Virginia para aceptar un puesto de profesora.

En 1939 fue seleccionada para ser una de las tres primeras estudiantes afroamericanas en matricularse en un programa de posgrado en la Universidad de Virginia Occidental, en Morgantown. Coleman estudió allí matemáticas, pero pronto lo dejó para ocuparse de su familia. Ese año se casó con James Goble. Él murió en 1956. Más tarde se casó con James Johnson.

En 1953, Katherine Johnson comenzó a trabajar en la unidad de computación del área oeste del Comité Consultivo Nacional de Aeronáutica (NACA). El NACA fue el predecesor de la Administración Nacional de Aeronáutica y del Espacio (NASA). Antes de que se utilizaran ordenadores electrónicos, el programa espacial dependía de grupos de mujeres que realizaban manualmente complejos cálculos matemáticos para los ingenieros del programa.

Las mujeres se llamaban "computadoras". Katherine Johnson formaba parte de un grupo de mujeres afroamericanas conocidas como las "West Computers". Analizaron los datos de las pruebas y proporcionaron cálculos matemáticos que fueron esenciales para el éxito del programa espacial estadounidense.

Los ordenadores del Oeste estaban segregados de los trabajadores blancos de la agencia espacial. Se les obligaba a utilizar baños y comedores separados. Eso cambió cuando la NACA se convirtió en la NASA en 1958.

En la NASA, Katherine Johnson fue miembro del Grupo de Trabajo Espacial. En 1960 fue coautora de un artículo con uno de los ingenieros del grupo sobre los cálculos para poner en órbita una nave espacial. Fue la primera vez que una mujer de su división recibió el reconocimiento como autora de un informe de investigación. A lo largo de su carrera fue autora o coautora de 26 informes de investigación.

En 1961, Katherine Johnson calculó la trayectoria de la Freedom 7, la nave que llevó al primer astronauta estadounidense al espacio. Alan Shepard realizó el histórico vuelo de 15 minutos en la nave. Fue la primera misión del programa Mercury de vuelos espaciales tripulados de la NASA.

En 1962, en un vuelo posterior de Mercury, John Glenn se convirtió en el primer estadounidense en orbitar la Tierra. Para entonces, la NASA había empezado a utilizar ordenadores electrónicos. Sin embargo, antes de que Glenn abandonara la tierra, quiso asegurarse de que el ordenador electrónico había planificado su vuelo correctamente. Pidió que Johnson comprobara dos veces los cálculos del ordenador.

Katherine Johnson también formó parte del equipo que calculó dónde y cuándo lanzar el cohete para la misión Apolo 11 de 1969, que envió a los tres primeros hombres a la Luna. Posteriormente, Johnson trabajó en el programa de transbordadores espaciales. Johnson se retiró de la NASA en 1986.

Katherine Johnson recibió muchos premios y honores por su trabajo. En 2015 recibió la Medalla Presidencial de la Libertad de Estados Unidos. La NASA la honró en 2016 dando su nombre a un edificio, el Centro de Investigación Computacional Katherine G. Johnson. Ese año se publicó el libro Hidden Figures: The American Dream and the Untold Story of the Black Women Mathematicians Who Helped Win the Space Race (El sueño americano y la historia no contada de las mujeres matemáticas negras que ayudaron a ganar la carrera espacial). En él se cuenta la historia de las West Computers, incluidas Johnson, Dorothy Vaughan y Mary Jackson. En 2016 también se estrenó una película basada en el libro. Katherine Johnson murió el 24 de febrero de 2020.

Destacados

- La inteligencia y la habilidad de Katherine Johnson con los números se hicieron patentes desde que era una niña; a los 10 años, ya había empezado a ir al instituto.
- En 1937, a la edad de 18 años, Coleman se graduó con los máximos honores en el West Virginia State College (actual Universidad Estatal de Virginia Occidental), obteniendo la licenciatura en matemáticas y francés.
- Johnson recibió numerosos premios y honores por su trabajo, incluida la Medalla Presidencial de la Libertad (2015).
- Margot Lee Shetterly publicó Hidden Figures: The American Dream and the Untold Story of the Black Women Mathematicians Who

Helped Win the Space Race, sobre las computadoras del Oeste, entre ellas Johnson, Dorothy Vaughan y Mary Jackson.

- En 2016 también se estrenó una película basada en el libro.

Preguntas de investigación

---

1. ¿Cómo cree que sería ser una mujer que trabaja en la NASA?
2. ¿Qué logros científicos admira en las mujeres que admira?
3. ¿Quiénes son otras mujeres científicas notables del siglo XX?

Florence Rena Sabin (1871-1953)

Anatomista e investigador estadounidense del sistema linfático

"Es deshonesto simplificar algo que no es simple"

Florence Rena Sabin nació el 9 de noviembre de 1871 en Central City, Colorado. Tras enseñar durante varios años en la Universidad Johns Hopkins, Sabin fue nombrada profesora titular de histología en 1917, convirtiéndose en la primera mujer en alcanzar ese puesto en la Johns Hopkins.

En 1925, Florence Rena Sabin fue elegida miembro de la Academia Nacional de Ciencias y del Instituto Rockefeller de Investigación Médica, dos primicias para las mujeres.

Sabin se retiró del instituto en 1938 y regresó a Colorado, donde el gobernador la nombró presidenta de un subcomité de salud pública. Se colocó una estatua de Florence Rena Sabin en el Statuary Hall de Washington, D.C.

Destacados

- Después de dar clases en Denver y en Smith para ganar dinero para la matrícula, Florence Rena Sabin ingresó en la Facultad de Medicina de la Universidad Johns Hopkins en Baltimore, Maryland, en 1896.
- Tras su graduación en 1900, realizó un internado en el Hospital Johns Hopkins durante un año y luego regresó a la facultad de medicina para realizar investigaciones en el marco de una beca concedida por la Asociación de Baltimore para el Avance de la Educación Universitaria de las Mujeres.
- En 1901 publicó An Atlas of the Medulla and Midbrain, que se convirtió en un popular texto médico.
- En 1902, cuando Johns Hopkins abandonó por fin su política de no nombrar mujeres en su facultad de medicina, Sabin fue nombrada asistente de anatomía, y en 1917 se convirtió en la primera mujer catedrática de la escuela.
- A continuación, se dedicó al estudio de la sangre, los vasos sanguíneos y las células sanguíneas e hizo numerosos descubrimientos sobre su origen y desarrollo.

Preguntas de investigación

---

1. ¿Prefieres un profesor o una profesora?
2. ¿Qué consejo le daría a alguien que esté interesado en iniciar una carrera relacionada con la ciencia y la tecnología, pero que no esté seguro de lo que implica (por ejemplo, inventar algo)?
3. ¿Cómo cree que era la vida de la mujer de ciencia en el siglo XX?

Tu Youyou (nacida en 1930)

Químico farmacéutico y malariólogo chino

"Mi elección de aprender farmacia fue impulsada por mis intereses, la curiosidad y el deseo de buscar nuevos medicamentos para los pacientes".

Tu Youyou recibió el Premio Nobel de Fisiología o Medicina en 2015 por su descubrimiento de uno de los medicamentos más eficaces del mundo para combatir la malaria. Extrajo y estudió una sustancia vegetal llamada qinghaosu, que ahora se conoce como artemisinina. Esta sustancia mata los parásitos microscópicos que causan la malaria.

Tu Youyou compartió el Premio Nobel con otros dos científicos: William Campbell y Omura Satoshi. Ambos ganaron también por sus descubrimientos de fármacos que actúan contra las infecciones parasitarias.

Tu Youyou nació el 30 de diciembre de 1930 en Ningbo, provincia de Zhejiang, China. En su adolescencia contrajo tuberculosis y perdió dos años de escuela. Eso la convenció de seguir la carrera de medicina. Tu ingresó en el programa de farmacología de la Facultad de Medicina de Pekín.

Tu Youyou se concentró en las plantas medicinales, aprendiendo a clasificarlas y a extraer sus principios activos. Tras licenciarse en 1955, fue elegida para entrar en el Instituto de Materia Médica de la Academia de Medicina Tradicional China (más tarde Academia China de Ciencias Médicas). De 1959 a 1962 participó en un curso de formación en el uso de la medicina tradicional china.

En 1967, durante la guerra de Vietnam, Tu Youyou fue designado para dirigir un esfuerzo secreto para descubrir un tratamiento contra la malaria. El paludismo es una infección grave en el ser humano causada por protozoos unicelulares del género Plasmodium. Estos parásitos se transmiten a los humanos por la picadura de los mosquitos. La malaria se había cobrado la vida de numerosos soldados norvietnamitas. Vietnam del Norte y China eran aliados, por lo que los funcionarios norvietnamitas instaron al gobierno chino a iniciar el proyecto.

Tu Youyou y su equipo investigaron primero los antiguos textos médicos chinos para encontrar plantas con supuestos beneficios contra la malaria. Su equipo identificó unas 640 plantas y más de 2.000 remedios que podrían aliviar la malaria. Posteriormente, probaron 380 extractos de unas 200 especies de plantas para comprobar su capacidad de eliminar los parásitos Plasmodium de la sangre de ratones infectados.

A principios de la década de 1970, el equipo de Tu Youyou comenzó a investigar el ajenjo dulce (Artemisia annua). Extrajeron un compuesto de la planta para probarlo en ratones, con resultados dispares. Tu releyó los textos antiguos y descubrió que el compuesto debía extraerse a bajas temperaturas.

Tras perfeccionar el proceso de extracción, los investigadores volvieron a probar el compuesto y obtuvieron resultados satisfactorios en ratones. A continuación, el equipo realizó estudios clínicos en pacientes con malaria. Los extractos de ajenjo dulce bajaron la fiebre y redujeron los niveles de parásitos en la sangre de los pacientes. En 1972 Tu Youyou y su equipo aislaron el compuesto activo de los extractos, al que llamaron qinghaosu (artemisinina).

Al principio, el gobierno chino impidió que Tu Youyou publicara los resultados de su equipo. El trabajo llegó finalmente al público internacional a principios de la década de 1980. A principios de la década de 2000, la Organización Mundial de la Salud recomendó el uso de terapias farmacológicas combinadas con artemisinina como tratamiento de la malaria.

Tu Youyou siguió investigando la artemisinina y desarrolló un segundo compuesto antipalúdico, la dihidroartemisinina. En 2011 recibió el Premio Lasker-DeBakey de Investigación Médica Clínica por su contribución al descubrimiento de la artemisinina.

Destacados

- Tras licenciarse en 1955, Tu Youyou fue elegida para entrar en el Instituto de Materia Médica de la Academia de Medicina Tradicional China (más tarde Academia China de Ciencias Médicas).
- De 1959 a 1962, Tu participó en un curso de formación a tiempo completo sobre el uso de la medicina tradicional china dirigido a investigadores con conocimientos de medicina occidental. El curso sentó las bases para su posterior aplicación de los conocimientos de la medicina tradicional china al descubrimiento de fármacos modernos.
- En 1967, durante la guerra de Vietnam (1954-75), Tu Youyou fue designada para dirigir el Proyecto 523, un esfuerzo encubierto para descubrir un tratamiento contra la malaria.
- Tu siguió investigando la artemisinina y desarrolló un segundo compuesto antipalúdico, la dihidroartemisinina, que es un metabolito bioactivo de la artemisinina.
- En 2011 Tu recibió el Premio Lasker-DeBakey de Investigación Médica Clínica por su contribución al descubrimiento de la artemisinina.

Preguntas de investigación

---

1. ¿Qué consejo tiene para las chicas interesadas en los campos científicos?
2. ¿Hay algo que impida a las mujeres triunfar en campos como la medicina, la ingeniería o la tecnología hoy en día?
3. ¿Cómo cree que ha cambiado la ciencia desde el año 1900 (o qué retos han surgido con ella)?

Françoise Barré-Sinoussi (nacida en 1947)

Virólogo francés galardonado con el Premio Nobel de Fisiología o Medicina 2008

"Cuando trabajas en el VIH, no es sólo trabajar en el VIH, es trabajar mucho, mucho más allá. "

Françoise Barré-Sinoussi fue una de las ganadoras del Premio Nobel de Fisiología o Medicina 2008. Ella y Luc Montagnier compartieron la mitad del premio por sus trabajos de identificación del VIH (virus de la inmunodeficiencia humana), causante del sida (síndrome de inmunodeficiencia adquirida). (La otra mitad del premio se concedió a Harald zur Hausen).

Françoise Barré-Sinoussi nació el 30 de julio de 1947 en París, Francia. Estudió en el Instituto Pasteur de Garches (Francia) y se doctoró en 1975. A continuación realizó un trabajo postdoctoral en Estados Unidos, en el Instituto Nacional del Cáncer de Bethesda (Maryland). En 1975 Barré-Sinoussi se incorporó al Instituto Pasteur de París. En 1996 se convirtió en jefa de la

Unidad de Biología de Retrovirus del instituto (posteriormente denominada Unidad de Regulación de Infecciones Retrovirales).

Cuando Montagnier dirigió los esfuerzos del Instituto Pasteur en 1982 para determinar la causa del sida, Françoise Barré-Sinoussi formaba parte de su equipo. Mediante la disección de un ganglio linfático de un paciente infectado, determinaron que el sida estaba causado por un retrovirus, que pasó a conocerse como VIH. Su trabajo condujo al desarrollo de nuevos medicamentos antivirales y métodos de diagnóstico.

Destacados

- Françoise Barré-Sinoussi se doctoró (1975) en el Instituto Pasteur de Garches (Francia) y realizó un trabajo postdoctoral en Estados Unidos, en el Instituto Nacional del Cáncer de Bethesda (Maryland).
- En 1975 se incorporó al Instituto Pasteur de París, y en 1996 pasó a dirigir la Unidad de Biología de los Retrovirus (posteriormente denominada Unidad de Regulación de las Infecciones Retrovirales).
- De 2012 a 2014 Barré-Sinoussi fue presidente de la Sociedad Internacional del Sida.
- Cuando Montagnier dirigió los esfuerzos del Instituto Pasteur en 1982 para determinar la causa del sida, Barré-Sinoussi formaba parte de su equipo.

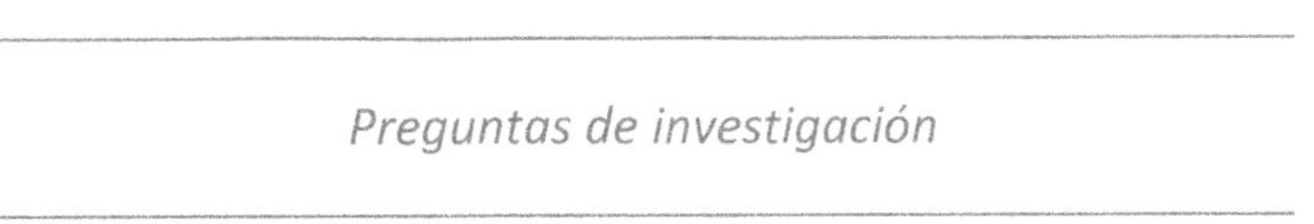

1. ¿Cómo cree que el futuro de la ciencia manejará a los recién llegados y a los que quieran cambiar con el tiempo?
2. ¿Qué dicen los científicos de esta época sobre las mujeres científicas?

Margaret Hamilton (nacida en 1936)

Informático estadounidense, principal ingeniero de software de los vuelos Apolo

"El software acabó ganando necesariamente el mismo respeto que cualquier otra disciplina".

Margaret Hamilton fue una de las primeras programadoras de software informático; ella creó el término ingeniero de software para describir su trabajo. Ayudó a escribir el código informático de los módulos de mando y lunar utilizados en las misiones Apolo a la Luna a finales de los años 60 y principios de los 70 (véase exploración espacial).

Margaret Hamilton nació como Margaret Heafield el 17 de agosto de 1936 en Paoli, Indiana. Se licenció en matemáticas en el Earlham College de

Richmond, Indiana, en 1958. Posteriormente se casó con James Hamilton y dio clases de matemáticas en un instituto durante un corto periodo de tiempo. La pareja se trasladó a Boston, Massachusetts, donde Margaret planeaba asistir a la Universidad de Brandeis para estudiar matemáticas abstractas.

Sin embargo, mientras tanto, Margaret Hamilton aceptó un trabajo en el Instituto Tecnológico de Massachusetts (MIT), donde empezó a programar software para predecir el tiempo. Hamilton también realizó allí trabajos de postgrado en meteorología.

En el Laboratorio Lincoln del MIT, Hamilton trabajó en el proyecto Semi-Automatic Ground Environment (SAGE), el primer sistema de defensa aérea de Estados Unidos. Escribió el software de un programa para identificar aviones enemigos. A continuación, Hamilton trabajó en el Laboratorio de Instrumentación del MIT (ahora el laboratorio independiente Charles Stark Draper), que proporcionaba tecnología aeronáutica a la Administración Nacional de Aeronáutica y del Espacio (NASA).

Margaret Hamilton dirigió un equipo al que se le encomendó la tarea de desarrollar el software para los sistemas de guía y control de los módulos lunares y de mando en vuelo de las misiones Apolo. Como no había escuelas que enseñaran ingeniería de software, los miembros del equipo tuvieron que resolver los problemas por su cuenta.

La propia Margaret Hamilton se concentró específicamente en el software para detectar errores del sistema y recuperar la información en caso de accidente informático. Ambos elementos fueron cruciales durante la misión Apolo 11, que llevó con éxito a los astronautas Neil Armstrong y Edwin ("Buzz") Aldrin, Jr. a la Luna.

Margaret Hamilton dejó el MIT a mediados de los años 70 para trabajar en el sector privado. Hamilton cofundó la empresa Higher Order Software en 1976 y fundó Hamilton Technologies 10 años después.

La NASA concedió a Margaret Hamilton el premio Exceptional Space Act en 2003 para honrar su contribución al éxito de las misiones Apolo. El presidente Barack Obama le entregó la Medalla Presidencial de la Libertad de Estados Unidos en 2016.

Destacados

- Margaret Hamilton ayudó a escribir el código informático de los módulos de mando y lunar utilizados en las misiones Apolo a la Luna a finales de los 60 y principios de los 70.
- Aunque Margaret pensaba estudiar matemáticas abstractas en la Universidad de Brandeis, aceptó un trabajo en el Instituto Tecnológico de Massachusetts (MIT) mientras su marido asistía a la Facultad de Derecho de Harvard.
- En el MIT comenzó a programar software para predecir el tiempo y realizó trabajos de postgrado en meteorología.
- A principios de la década de 1960, Hamilton se incorporó al Laboratorio Lincoln del MIT, donde participó en el proyecto SAGE (Semi-Automatic Ground Environment), el primer sistema de defensa aérea de Estados Unidos.

Preguntas de investigación

---

1. ¿Cuáles podrían ser algunas de las barreras que impiden a las niñas y mujeres entrar en campos en los que están infrarrepresentadas, como las matemáticas y la informática?
2. ¿Cuál es el legado de las mujeres científicas del siglo XX?
3. ¿Por qué cree que las mujeres siguen luchando por la igualdad hoy en día si han logrado tanto en el pasado?

Emmy Noether (1882 - 1935)

Matemática alemana conocida por sus importantes contribuciones al álgebra abstracta y a la física teórica

"Mis métodos [algebraicos] son realmente métodos de trabajo y de pensamiento; por eso se han colado en todas partes de forma anónima".

Reconocido como uno de los algebristas abstractos más creativos de los tiempos modernos, Emmy Noether desarrolló una teoría abstracta que aglutinó muchos desarrollos matemáticos. Noether aportó sorprendentes innovaciones al álgebra superior. Las áreas de investigación del matemático alemán incluyen la teoría general de los ideales y la aplicación de las álgebras no conmutativas a los campos numéricos conmutativos.

Amalie Emmy Noether nació en Erlangen (Alemania) el 23 de marzo de 1882. Su padre, Max Noether, era profesor de matemáticas. Se doctoró en la Universidad de Erlangen en 1907, con una disertación sobre invariantes algebraicos.

A partir de 1913, Emmy Noether dio clases en la universidad, sustituyendo ocasionalmente a su padre. En 1915 se trasladó a la Universidad de Gotinga. A pesar de las objeciones de algunos miembros de la facultad, fue admitida formalmente como profesora académica en 1919.

Emmy Noether obtuvo reconocimiento por primera vez cuando su trabajo se publicó en Mathematische Zeitschrift en 1920. Durante los seis años siguientes se centró en la teoría general de los ideales (subconjuntos especiales de anillos), de la que su teorema residual es una parte importante.

A partir de 1927, Noether se concentró en las álgebras no conmutativas, es decir, las álgebras en las que el orden de multiplicación de los números afecta a la respuesta. Construyó la teoría de las álgebras no conmutativas de una forma nueva, unificada y puramente conceptual. En colaboración con Helmut Hasse y Richard Brauer, Noether investigó la estructura de las álgebras no conmutativas y su aplicación a los campos conmutativos mediante el producto cruzado (una forma de multiplicación utilizada entre dos vectores).

De 1930 a 1933 Emmy Noether fue el centro de la actividad matemática más intensa en Gotinga. El alcance y la importancia de su trabajo no pueden juzgarse con exactitud a partir de sus artículos. Gran parte de su trabajo apareció en las publicaciones de estudiantes y colegas, y muchas veces una sugerencia o incluso un comentario casual revelaron su gran perspicacia y estimularon a otro a completar y perfeccionar alguna idea.

Emmy Noether ayudó a editar los Mathematische Annalen, pero fue despedida junto con otros profesores judíos cuando los nazis llegaron al poder en 1933. Ella y sus colegas judíos también fueron despedidos de sus puestos en la universidad.

Ese año, Emmy Noether se fue a Estados Unidos para ser profesor visitante de matemáticas en el Bryn Mawr College de Pensilvania. Mientras enseñaba en Bryn Mawr, Noether también daba conferencias y realizaba investigaciones en el Instituto de Estudios Avanzados de Princeton, Nueva Jersey. Emmy Noether murió el 14 de abril de 1935 en Bryn Mawr, Pensilvania.

Destacados

- En 1900, Emmy Noether obtuvo el título de profesora de inglés y francés en escuelas para niñas, pero optó por estudiar matemáticas en la Universidad de Erlangen (actual Universidad de Erlangen-Nürnberg). En aquella época, las mujeres sólo podían asistir a las clases con el permiso del profesor.
- Noether se doctoró en Erlangen en 1907 con una disertación sobre invariantes algebraicos.
- A partir de 1927, Emmy Noether se concentró en las álgebras no conmutativas (álgebras en las que el orden de multiplicación de los números afecta a la respuesta), sus transformaciones lineales y su aplicación a los campos numéricos conmutativos.
- En colaboración con Helmut Hasse y Richard Brauer, Noether investigó la estructura de las álgebras no conmutativas y su aplicación a los campos conmutativos mediante el producto cruzado (una forma de multiplicación utilizada entre dos vectores).

Preguntas de investigación

---

1. ¿Ha leído alguna vez un libro sobre esta mujer? En caso afirmativo, ¿cuál(es)?
2. ¿Cuáles son sus libros de ciencia favoritos? ¿Mencionan más a los hombres que a las mujeres científicas y debería cambiarse esto?

Valentina Tereshkova (nacida en 1937)

Cosmonauta soviética, ingeniera y primera mujer en el espacio

"¡Eh, cielo, quítate el sombrero, que voy para allá!"

La primera mujer que viajó al espacio fue una cosmonauta soviética llamada Valentina Tereshkova. Su nave espacial, la Vostok 6, fue lanzada el 16 de junio de 1963. Completó 48 órbitas a la Tierra en 71 horas antes de aterrizar con seguridad. Al mismo tiempo, el cosmonauta Valery Bykovsky, lanzado dos días antes en la Vostok 5, se encontraba en el espacio. Su nave también aterrizó el 19 de junio.

Valentina Vladimirovna Tereshkova nació el 6 de marzo de 1937 en Maslennikovo, Rusia, cerca de la gran ciudad de Yaroslavl. Como su padre fue asesinado a principios de la Segunda Guerra Mundial, sus primeros años fueron difíciles.

Tereshkova no empezó a ir a la escuela hasta los 10 años, y a los 17 era aprendiz en la fábrica de neumáticos de Yaroslavl. También trabajó en una fábrica textil. Valentina Tereshkova se convirtió en una ferviente comunista, se unió al Komsomol (Liga de la Juventud Comunista) y se aficionó al paracaidismo. En 1961 Tereshkova se afilió al partido comunista.

En 1961, el cosmonauta soviético Yury Gagarin se convirtió en el primer hombre en orbitar la Tierra. Inspirada por su hazaña, Tereshkova solicitó ser cosmonauta. Su experiencia en paracaidismo la ayudó a ganar la oportunidad de ser cosmonauta. Valentina Tereshkova fue aceptada en el programa espacial soviético en 1962 y comenzó su entrenamiento. Su histórico vuelo tuvo lugar al año siguiente.

Tras su vuelo, Valentina Tereshkova dejó el programa espacial y se casó con el cosmonauta Andriyan Nikolayev (posteriormente se divorciaron). Comenzó su carrera política. Desde 1966 hasta 1991, Tereshkova fue miembro activo del Soviet Supremo, el órgano legislativo del país.

En 1968 dirigió el Comité de Mujeres Soviéticas. Valentina Tereshkova fue miembro del Presidium del Soviet Supremo de 1974 a 1991. En 2008 se convirtió en la vicepresidenta del Parlamento de la provincia de Yaroslavl como miembro del partido Rusia Unida. Valentina Tereshkova fue nombrada Héroe de la Unión Soviética y recibió la Orden de Lenin en dos ocasiones.

Destacados

- Aunque Valentina Tereshkova no tenía formación de piloto, era una paracaidista aficionada consumada y por ello fue aceptada para el programa de cosmonautas cuando se presentó como voluntaria en 1961.
- Desde 1966 hasta 1991, Tereshkova fue miembro activo del Soviet Supremo de la URSS. Dirigió el Comité de Mujeres Soviéticas en 1968, y de 1974 a 1991 Tereshkova fue miembro del Presidium del Soviet Supremo.
- En 2008, Tereshkova se convirtió en la vicepresidenta del Parlamento de la provincia de Yaroslavl como miembro del partido Rusia Unida.

- Tereshkova fue nombrada Héroe de la Unión Soviética y recibió dos veces la Orden de Lenin.

Preguntas de investigación

---

1. ¿Qué mujer científica del siglo XX conoce mejor?
2. ¿Quién fue la primera mujer en recibir un Premio Nobel de Ciencias?
3. ¿Quiénes fueron sus héroes científicos de la infancia y por qué?

Lynn Margulis (1938 - 2011)

Teórico de la evolución, biólogo, autor científico, educador y divulgador científico estadounidense

"A pesar de todos los logros de la biología molecular, todavía no podemos distinguir un gato vivo de un gato muerto".

Lynn Margulis revolucionó el concepto moderno de cómo surgió la vida en la Tierra al proponer la teoría de que las estructuras internas multicelulares de todos los organismos superiores evolucionaron a partir de organismos unicelulares simples, como las bacterias. Fue una de las primeras biólogas en considerar el papel de la simbiosis en la evolución. Sus ideas fueron recibidas con frecuencia con escepticismo e incluso hostilidad.

Lynn Margulis nació como Lynn Petra Alexander el 5 de marzo de 1938 en Chicago, Illinois. Se licenció en la Universidad de Chicago en 1957. Poco después se casó con el astrónomo estadounidense Carl Sagan, con quien tuvo dos hijos; uno de ellos, Dorion Sagan, se convertiría en su colaborador habitual. La pareja se divorció en 1964. Margulis es el apellido del segundo marido de Lynn, con quien se casó en 1967; la pareja se divorció en 1980.

Lynn Margulis obtuvo un máster en zoología y genética por la Universidad de Wisconsin en Madison en 1960 y un doctorado en genética por la Universidad de California en Berkeley en 1965. Se incorporó al departamento de biología de la Universidad de Boston, en Massachusetts, en 1966 y enseñó allí hasta 1988, cuando Margulis se convirtió en profesora del departamento de botánica de la Universidad de Massachusetts en Amherst. Lynn Margulis pasó al departamento de biología en 1993 y luego al de geociencias en 1997.

Lynn Margulis explicó el concepto de que las células con núcleo evolucionaron a partir de la fusión simbiótica de bacterias en su primer libro, El origen de las células eucariotas (1970). En su momento, su teoría se consideró descabellada, pero desde entonces ha sido ampliamente aceptada.

Margulis elaboró sus ideas en Symbiosis in Cell Evolution (1981). El libro de Margulis Five Kingdoms (1982), escrito con la bióloga estadounidense Karlene V. Schwartz, explica el sistema de cinco reinos para clasificar la vida en la Tierra: animales, plantas, bacterias, hongos y protoctistas. Lynn Margulis rechazó los modelos que clasificaban la vida en tres reinos o en más de cinco, este último se hizo popular en el siglo XXI.

Otra área de interés para Lynn Margulis fue su larga colaboración con el científico británico James Lovelock en la controvertida hipótesis Gaia. Ésta propone que la Tierra puede verse como una entidad compleja, cuyos elementos vivos e inorgánicos son interdependientes y cuyas formas de vida modifican el entorno para mantener unas condiciones hospitalarias.

Además de las publicaciones académicas de Lynn Margulis, escribió numerosos libros que interpretan conceptos científicos para un público general. Entre ellos destacan Mystery Dance: Sobre la evolución de la sexualidad humana (1991), ¿Qué es la vida? (1995), ¿Qué es el sexo? (1997), y Deslúmbrate poco a poco: Reflexiones sobre la naturaleza en la naturaleza (2007), todos coescritos con su hijo.

Margulis también escribió un libro de relatos, Luminous Fish (2007). Sus últimos libros se publicaron bajo el sello Sciencewriters Books de Chelsea Green Publishing, que cofundó con Dorion en 2006.

Lynn Margulis fue elegida miembro de la Academia Nacional de Ciencias en 1983 y fue uno de los tres miembros estadounidenses de la Academia Rusa de Ciencias Naturales. Fue galardonada con la Medalla Nacional de Ciencias de Estados Unidos en 1999, y en 2008 recibió la Medalla Darwin-Wallace de la Sociedad Linneana de Londres (Inglaterra). Lynn Margulis murió el 22 de noviembre de 2011 en Amherst (Massachusetts).

Destacados

- Además de las publicaciones académicas de Lynn Margulis, escribió numerosos libros que interpretan conceptos y dilemas científicos para un público popular.
- Entre ellos, Mystery Dance: Sobre la evolución de la sexualidad humana (1991), ¿Qué es la vida? (1995), ¿Qué es el sexo? (1997), y Deslúmbrate poco a poco: Reflexiones sobre la naturaleza en la naturaleza (2007), todos coescritos con su hijo.
- Margulis también escribió un libro de relatos, Luminous Fish (2007).
- Fue elegida miembro de la Academia Nacional de Ciencias en 1983 y fue uno de los tres miembros estadounidenses de la Academia Rusa de Ciencias Naturales.

Preguntas de investigación

---

1. ¿A qué mujer científica admira profundamente? ¿Por qué la admira?
2. ¿Has tenido alguna vez problemas con compañeros de clase o de trabajo que se sentían amenazados por tu talento o tus conocimientos?

Margaret Mead (1901 - 1978)

Antropóloga cultural estadounidense conocida por sus estudios sobre los pueblos de Oceanía

"Hay que enseñar a los niños cómo pensar, no qué pensar".

Con la publicación en 1928 de su primer libro, Coming of Age in Samoa, Margaret Mead comenzó a consolidar su reputación como una de las antropólogas más destacadas del siglo XX. También fue una conferenciante popular y controvertida sobre temas sociales contemporáneos como los derechos de la mujer, la educación de los niños, el abuso de drogas, el control de la población y el hambre en el mundo. Como antropóloga, Margaret Mead publicó mucho sobre los pueblos del Pacífico Sur.

Margaret Mead nació el 16 de diciembre de 1901 en Filadelfia, Pensilvania. Se licenció en psicología en el Barnard College en 1924 y se doctoró en la Universidad de Columbia con el antropólogo Franz Boas. Durante su estancia en Columbia, realizó el primero de varios viajes al Pacífico Sur en 1925-26.

Margaret Mead se convirtió en conservadora adjunta de etnología en el Museo Americano de Historia Natural de Nueva York en 1926 y permaneció en el museo hasta 1969, los últimos cinco años como conservadora. Desde 1954 hasta su jubilación, Mead enseñó antropología en Columbia y presidió la división de ciencias sociales de la Universidad de Fordham (1968-71).

Margaret Mead murió en Nueva York el 15 de noviembre de 1978. Al año siguiente se le concedió a título póstumo la Medalla Presidencial de la Libertad.

Coming of Age ha permanecido impreso desde su primera publicación. Otros libros de Mead son Growing Up in New Guinea (1930) y Sex and Temperament in Three Primitive Societies (1935). Margaret Mead analizó las normas culturales estadounidenses en And Keep Your Powder Dry (1942).

Una de sus publicaciones posteriores más significativas fue Male and Female (1949). Su autobiografía, Blackberry Winter, se publicó en 1972.

Destacados

- Margaret Mead se graduó en Barnard en 1923 e ingresó en la escuela de posgrado de la Universidad de Columbia, donde estudió con los antropólogos Franz Boas y Ruth Benedict (una amiga de toda la vida) y recibió una gran influencia.
- En 1925, durante el primero de sus muchos viajes de campo a los Mares del Sur, reunió material para el primero de sus 23 libros, Coming of Age in Samoa (1928; nueva edición, 2001), un eterno éxito de ventas y un ejemplo característico de su confianza en la observación más que en las estadísticas para obtener datos.
- Sus contribuciones a la ciencia recibieron un reconocimiento especial cuando, a la edad de 72 años, fue elegida para la presidencia de la Asociación Americana para el Avance de la Ciencia.
- En 1979 recibió a título póstumo la Medalla Presidencial de la Libertad, la más alta distinción civil de Estados Unidos.

Preguntas de investigación

1. Si usted fuera una mujer científica del siglo XX, ¿qué le gustaría saber sobre su vida y su trabajo?
2. ¿Hay alguna otra mujer científica famosa que sea conocida por sus logros entre 1900 y 1970?

Cecilia Payne-Gaposchkin (1900 - 1979)

Astrónomo y astrofísico estadounidense de origen británico

"Tu recompensa será el ensanchamiento del horizonte mientras subes. Y si logras esa recompensa, no pedirás otra".

Cecilia Payne-Gaposchkin realizó una investigación pionera sobre la composición de las estrellas. Descubrió que las estrellas están formadas principalmente por hidrógeno y helio.

Cecilia Helena Payne nació el 10 de mayo de 1900 en Wendover, Inglaterra. Estudió en la Universidad de Cambridge, donde se licenció en 1923. Sir Arthur Eddington, destacado astrónomo y físico británico, alentó la ambición de Payne de convertirse en astrónoma. Sin embargo, ella creía que había más oportunidades para que una mujer trabajara en astronomía en Estados Unidos que en Gran Bretaña.

Tras su graduación en Cambridge, Payne aceptó una beca para estudiar en el Harvard College Observatory de Cambridge, Massachusetts.

Cecilia Payne-Gaposchkin se doctoró en astronomía en 1925. En aquella época, Harvard no concedía títulos de doctorado a las mujeres. Por ello, Payne obtuvo el título en el Radcliffe College, una universidad femenina que llevaba mucho tiempo afiliada a Harvard (y que posteriormente se fusionó con ella). Su título fue el primer doctorado en astronomía concedido por Radcliffe.

En su tesis doctoral, Cecilia Payne-Gaposchkin analizó los espectros, o propiedades de la luz, emitidos por varios tipos de estrellas. Otros científicos, como Annie Jump Cannon, ya habían trabajado en la clasificación de las estrellas según sus cualidades espectrales. Payne fue capaz de proporcionar mediciones precisas de las temperaturas estelares para las principales clases espectrales de estrellas. También determinó que el hidrógeno y el helio son, con mucho, los elementos más abundantes en las estrellas.

Payne publicó su tesis en forma de libro, Stellar Atmospheres, en 1925. Su conclusión de que las estrellas están compuestas principalmente de hidrógeno y helio no fue aceptada inmediatamente por la comunidad científica. El influyente astrónomo estadounidense Henry Norris Russell se encontraba entre los científicos que habían supuesto que las estrellas tendrían la misma composición que la Tierra. Sin embargo, en 1929, el propio Russell había confirmado la conclusión de Payne. Los astrónomos Otto Struve y Velta Zebergs calificaron posteriormente el trabajo de Payne como "sin duda la tesis doctoral más brillante jamás escrita en astronomía".

Tras completar su doctorado, Payne permaneció en el Observatorio del Harvard College como asistente técnica. Su segundo libro, Stars of High Luminosity (1930), marcó el inicio de su interés por las estrellas variables (estrellas cuya luz observada varía notablemente en intensidad). Mientras viajaba por Europa en 1933, conoció al astrónomo ruso Sergey Gaposchkin. No pudo regresar a la Unión Soviética debido a su política. Payne le ayudó a encontrar un puesto en Harvard. Se casaron en 1934. Los dos colaboraron a menudo en estudios de estrellas variables.

Payne-Gaposchkin fue nombrada profesora de astronomía en Harvard en 1938. En 1956 fue nombrada profesora titular de Harvard y directora del departamento de astronomía.

Cecilia Payne-Gaposchkin se jubiló en 1966. Payne-Gaposchkin murió el 7 de diciembre de 1979 en Cambridge, Massachusetts. Cecilia Payne-Gaposchkin: An Autobiography and Other Recollections se publicó en 1984.

Destacados

- En 1933, Payne viajó a Europa para conocer al astrónomo ruso Boris Gerasimovich, que había trabajado anteriormente en el Observatorio del Harvard College y con el que pensaba escribir un libro sobre las estrellas variables.
- Payne conoció a Sergey Gaposchkin, un astrónomo ruso que no podía volver a la Unión Soviética por su política. Se casaron en 1934 y colaboraron a menudo en estudios de estrellas variables.
- Fue nombrada profesora de astronomía en 1938, pero aunque impartió cursos, éstos no aparecieron en el catálogo de Harvard hasta después de la Segunda Guerra Mundial.
- En 1956, Payne fue nombrado profesor titular de Harvard y pasó a presidir el departamento de astronomía.

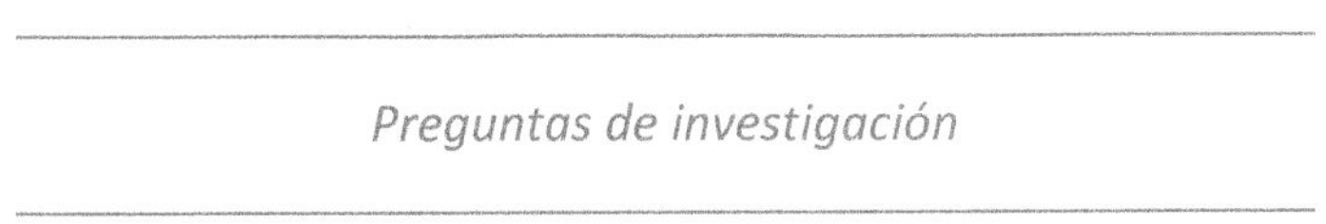

1. ¿Qué habríamos visto ahora si todas las mujeres científicas de esta época siguieran vivas para trabajar con nosotros hoy?
2. ¿De qué manera los seres humanos podrían aceptar mejor a las mujeres en estos campos hoy en día (pensamientos idealistas)?

Jocelyn Bell Burnell (nacida en 1943)

Astrónomo británico que descubrió los primeros púlsares de radio

"Hay polvo de estrellas en tus venas. Somos literalmente, en última instancia, hijos de las estrellas".

Jocelyn Bell Burnell descubrió los púlsares, las fuentes cósmicas de peculiares pulsos de radio. Nació el 15 de julio de 1943 en Belfast (Irlanda del Norte). Burnell estudió en la Universidad de Glasgow (Escocia), donde se licenció en física (1965). Posteriormente se trasladó a la Universidad de Cambridge (Inglaterra), donde Bell Burnell se doctoró (1969) en radioastronomía.

Como asistente de investigación en Cambridge, Jocelyn Bell Burnell ayudó a construir un gran radiotelescopio y, en 1967, mientras revisaba las impresiones de sus experimentos de seguimiento de cuásares, descubrió una serie de pulsos de radio extremadamente regulares. Desconcertada, consultó a su asesor, el astrofísico Antony Hewish, y su equipo pasó los meses siguientes eliminando las posibles fuentes de los pulsos, que bromeando llamaron LGM (por Little Green Men) en referencia a la remota posibilidad de que representaran intentos de comunicación por parte de inteligencia extraterrestre.

Tras monitorizar los pulsos con equipos más sensibles, el equipo descubrió varios patrones más regulares de ondas de radio y determinó que, de hecho, emanaban de estrellas de neutrones que giraban rápidamente (radioestrellas pulsantes), a las que la prensa llamó posteriormente púlsares.

El Premio Nobel de Física de 1974 se concedió a Hewish y Martin Ryle por el descubrimiento de los púlsares. Varios científicos destacados protestaron por la omisión de Bell Burnell, aunque ella sostuvo que el premio se concedió de forma adecuada dada su condición de estudiante en el momento del descubrimiento. Tras su descubrimiento, Bell Burnell enseñó en la Universidad de Southampton (1970-73) antes de convertirse en profesora del University College de Londres (1974-82).

Jocelyn Bell Burnell también enseñó en la Open University (1973-87) y trabajó en el Real Observatorio de Edimburgo (1982-91) antes de ser profesora de física en la Open University (1991-2001). Posteriormente fue nombrada decana de ciencias en la Universidad de Bath (2001-04), tras lo cual Bell Burnell aceptó un puesto de profesora visitante en la Universidad de Oxford (Inglaterra).

Jocelyn Bell Burnell fue creada Comandante de la Orden del Imperio Británico (CBE) en 1999 y Dama (DBE) en 2007. Bell Burnell se convirtió en miembro de la Real Sociedad Británica en 2003. Bell Burnell también fue presidenta de la Real Sociedad Astronómica (2002-04) y fue elegida para un mandato de dos años como presidenta del Instituto de Física en 2008.

Destacados

- Jocelyn Bell Burnell estudió en la Universidad de Glasgow, donde se licenció (1965) en física. Posteriormente se trasladó a la Universidad de Cambridge, donde se doctoró (1969) en radioastronomía.
- Como asistente de investigación en Cambridge, Bell Burnell ayudó a construir un gran radiotelescopio y, en 1967, mientras revisaba las

impresiones de sus experimentos de seguimiento de los cuásares, descubrió una serie de pulsos de radio extremadamente regulares.

- Tras monitorizar los pulsos con equipos más sensibles, el equipo descubrió varios patrones más regulares de ondas de radio y determinó que, en efecto, emanaban de estrellas de neutrones que giraban rápidamente, a las que la prensa llamó posteriormente púlsares.
- Bell Burnell también fue presidente de la Real Sociedad Astronómica (2002-2004) y fue elegido para un mandato de dos años como presidente del Instituto de Física en 2008.

Preguntas de investigación

---

1. ¿Qué requisitos debe tener una persona para ser considerada una mujer científica del siglo XX?
2. Nombre otras tres mujeres astrónomas del siglo XX

Lise Meitner (1878 - 1968)

Físico austriaco que descubrió el isótopo radiactivo protactinio-231

"La ciencia hace que la gente busque la verdad y la objetividad; enseña a la gente a aceptar la realidad, con asombro y admiración, por no mencionar el profundo asombro y la alegría que el orden natural de las cosas aporta al verdadero científico".

La física austriaca Lise Meitner compartió el premio Enrico Fermi en 1966 con Otto Hahn y Fritz Strassmann por las investigaciones que llevaron al descubrimiento de la fisión nuclear. El principal trabajo de Lise Meitner en el campo de la física fue la relación entre los rayos beta y los gamma.

Lise Meitner nació en Viena el 7 de noviembre de 1878. Estudió en la Universidad de Viena, donde se doctoró en física en 1907. Después se fue a

Berlín para unirse al químico Otto Hahn en la investigación de la radiactividad. Meitner estudió con Max Planck y trabajó como su asistente.

En 1913, Lise Meitner entra a formar parte del Instituto Kaiser Wilhelm de Berlín (actual Instituto Max Planck). En 1917 Meitner se convirtió en jefa de su sección de física y codirectora con Otto Hahn. Trabajaron juntos durante unos 30 años y descubrieron y dieron nombre al protactinio. También investigaron los productos del bombardeo de uranio con neutrones.

Como Lise Meitner era judía, huyó de Alemania en 1938 para escapar de la persecución nazi. Se fue a Suecia, que permaneció neutral durante la Segunda Guerra Mundial. Allí, con su sobrino Otto Frisch, estudió las características físicas del uranio bombardeado con neutrones y propuso el nombre de fisión para el proceso. Hahn y Strassmann, siguiendo la misma línea de investigación, observaron que el bombardeo producía elementos mucho más ligeros.

Los avances posteriores en el estudio de la fisión nuclear condujeron a las armas nucleares y a la energía nuclear. En 1960 se retiró a vivir a Inglaterra. Lise Meitner murió en Cambridge el 27 de octubre de 1968.

Destacados

- Tras doctorarse en la Universidad de Viena (1906), Lise Meitner asistió a las conferencias de Max Planck en Berlín en 1907 y se unió a Hahn en la investigación sobre la radiactividad.
- Durante tres décadas de asociación, ella y Hahn fueron de los primeros en aislar el isótopo protactinio-231 (al que dieron nombre), estudiaron el isomerismo nuclear y la desintegración beta, y en la década de 1930 (junto con Strassmann) investigaron los productos del bombardeo neutrónico del uranio.
- En 1944, Hahn recibió el Premio Nobel de Química por el descubrimiento de la fisión nuclear, aunque algunos han argumentado que Meitner merecía una parte del premio.
- Durante esta época, Meitner fue invitada a trabajar en el Proyecto Manhattan (1942-1945) en Estados Unidos. Sin embargo, se opuso a la bomba atómica y rechazó la oferta.

Preguntas de investigación

1. ¿Cree que es importante que las niñas vean modelos de conducta como estos cuando se inician en las carreras científicas? ¿Por qué o por qué no?
2. ¿Ha habido alguna vez en tu escuela o lugar de trabajo una reacción sexista ante algo relacionado con la física, la ingeniería, las matemáticas, etc.?

Christiane Nüsslein-Volhard (nacida en 1942)

Biólogo alemán del desarrollo y Premio Nobel

"Enseguida me encantó trabajar con moscas. Me fascinaban y me seguían en mis sueños. "

Christiane Nüsslein-Volhard ganó el Premio Nobel de Fisiología o Medicina en 1995 por sus importantes contribuciones al estudio de cómo los seres vivos se desarrollan desde los embriones hasta los adultos. Nüsslein-Volhard compartió el premio con los genetistas Eric F. Wieschaus y Edward B. Lewis. Nüsslein-Volhard, en colaboración con Wieschaus, amplió el trabajo pionero de Lewis, que utilizó la mosca de la fruta (Drosophila melanogaster) como sujeto experimental.

Nüsslein-Volhard nació el 20 de octubre de 1942 en Magdeburgo (Alemania). Estudió en la Universidad Goethe de Fráncfort del Meno antes de trasladarse a la Universidad Eberhard-Karl de Tubinga para participar en un nuevo plan de estudios de bioquímica, el primero de este tipo en Alemania.

Christiane Nüsslein-Volhard se diplomó en bioquímica en 1968 y se doctoró en genética en 1973. Buscando un proyecto postdoctoral, dio con la mosca de la fruta, que había sido utilizada por otros científicos para estudiar las mutaciones genéticas. Como la mosca de la fruta se desarrollaba desde el óvulo fecundado hasta el embrión en nueve días y su estructura genética era similar a la de los humanos, era un sujeto de investigación ideal.

Tras realizar becas en Basilea (Suiza) y Friburgo (Alemania Oriental), Christiane Nüsslein-Volhard se unió a Wieschaus como jefa de grupo en el Laboratorio Europeo de Biología Molecular de Heidelberg (Alemania Occidental). Allí los dos científicos pasaron más de un año cruzando 40.000 familias de moscas de la fruta y examinando sistemáticamente su composición genética.

Sus métodos de ensayo y error dieron como resultado el descubrimiento de que, de los 20.000 genes de la mosca, unos 5.000 se consideran importantes para el desarrollo temprano y unos 140 son esenciales. Nüsslein-Volhard y Wieschaus publicaron sus resultados en la revista científica inglesa Nature en 1980.

El descubrimiento de Christiane Nüsslein-Volhard y Wieschaus tuvo un efecto inmediato y espectacular en la biología del desarrollo. Ambos establecieron por primera vez que los genes que controlan el desarrollo podían identificarse individualmente, lo que animó a los científicos a buscar genes del desarrollo en otras especies, incluida la humana. Utilizando los experimentos con la mosca de la fruta como modelo, los científicos fueron capaces de identificar los genes humanos responsables de varios defectos de nacimiento.

En 1981, Christiane Nüsslein-Volhard regresó a Tubinga, donde, en 1985, se convirtió en directora del Instituto Max Planck de Biología del Desarrollo. Siguió experimentando con la genética del desarrollo y publicando artículos sobre el tema a lo largo de todo el siglo XXI.

Además de sus experimentos con Drosophila, Christiane Nüsslein-Volhard investigó el desarrollo genético del pez cebra (Danio rerio) y trató de utilizarlo como modelo de desarrollo de los vertebrados.

Además del Premio Nobel, Christiane Nüsslein-Volhard recibió el Premio Leibniz en 1986 y el Premio Albert Lasker de Investigación Médica Básica en 1991. También ha publicado varios libros, entre ellos Zebrafish: A Practical

Approach (2002; escrito con Ralf Dahm) y Coming to Life: How Genes Drive Development (2006).

Destacados

- En la Universidad Eberhard-Karl de Tubinga, Christiane Nüsslein-Volhard se diplomó en bioquímica en 1968 y se doctoró en genética en 1973.
- En 1981, Nüsslein-Volhard regresó a Tubinga, donde fue directora del Instituto Max Planck de Biología del Desarrollo desde 1985 hasta 2015.
- En Heidelberg, Nüsslein-Volhard y Wieschaus pasaron más de un año cruzando 40.000 familias de moscas de la fruta y examinando sistemáticamente su composición genética en un microscopio doble.
- Asignaron la responsabilidad del desarrollo embrionario de la mosca de la fruta a tres categorías genéticas: los genes de brecha, que establecen el plan corporal de cabeza a cola; los genes de regla de par, que determinan la segmentación del cuerpo; y los genes de polaridad de segmento, que establecen estructuras repetitivas dentro de cada segmento.
- Christiane Nüsslein-Volhard también ha publicado varios libros, como Zebrafish: A Practical Approach (2002; escrito con Ralf Dahm) y Coming to Life: How Genes Drive Development (2006).

Preguntas de investigación

---

1. ¿Alguna vez has tenido una experiencia en la que alguien haya descartado tu valor como chica o mujer, y eso te ha hecho querer rendirte?
2. ¿Cómo cree que habría sido su vida si hubiera seguido una carrera de filosofía en lugar de biología?
3. Si tuviera una lista como ésta de todos los tiempos, ¿quién estaría en ella?

Peggy Whitson (nacida en 1960)

Investigador bioquímico estadounidense y astronauta retirado de la NASA

"Sin duda, animaría a los jóvenes a perseguir sus sueños. No siempre es un camino fácil, pero vale la pena ir tras él".

La bioquímica y astronauta estadounidense Peggy Whitson fue la primera mujer comandante de la Estación Espacial Internacional (ISS). Whitson estableció un récord entre los astronautas estadounidenses y entre las mujeres por ser la que más tiempo pasó en el espacio.

En 2016, cuando Whitson tenía 56 años, volvió a la ISS por tercera vez, convirtiéndose en la mujer de mayor edad en pasar un tiempo en el espacio.

Peggy Annette Whitson nació el 9 de febrero de 1960 en Mount Ayr, Iowa. Se licenció en biología y química en el Iowa Wesleyan College de Mount Pleasant (Iowa) en 1981 y se doctoró en bioquímica en la Rice University de Houston (Texas) en 1985. En 1986 se trasladó al Centro Espacial Johnson (JSC) de la Administración Nacional de Aeronáutica y del Espacio (NASA) en Houston como investigadora asociada.

Peggy Whitson trabajó posteriormente como supervisora del Grupo de Investigación Bioquímica en KRUG International, un contratista de ciencias médicas de la NASA en el JSC. Whitson tuvo una larga y variada carrera en la NASA antes de ser seleccionada como candidata a astronauta.

Entre otros cargos, Whitson trabajó en la rama de Operaciones e Investigación Biomédica del JSC de 1989 a 1993 y fue jefa adjunta de la División de Ciencias Médicas del JSC de 1993 a 1996. También participó en los esfuerzos conjuntos de científicos estadounidenses y soviéticos (posteriormente rusos).

Peggy Whitson comenzó su formación como astronauta en agosto de 1996. Tras completar dos años de formación, trabajó en varios puestos técnicos en la rama de Planificación de Operaciones de la Oficina de Astronautas de la NASA. Voló al espacio por primera vez el 5 de junio de 2002, como ingeniera de vuelo en la Expedición 5 a la ISS, a bordo del transbordador espacial Endeavour en la misión STS-111.

A bordo de la ISS, Whitson realizó más de 20 experimentos en microgravedad y ciencias de la vida humana y también operó e instaló cargas útiles comerciales y sistemas de hardware. Peggy Whitson fue designada como la primera oficial científica de la NASA en la ISS y también realizó un paseo espacial para instalar el blindaje en un módulo de servicio y para desplegar una carga útil científica. Tras casi 185 días en el espacio, regresó a la Tierra a bordo de la misión STS-113, aterrizando el 7 de diciembre.

Peggy Whitson viajó al espacio por segunda vez el 10 de octubre de 2007 -a bordo de la Soyuz TMA-11 con Yury Malenchenko de Rusia y Sheikh Muszaphar Shukor de Malasia- como comandante de la misión Expedición 16. Como primera mujer comandante de la ISS, supervisó y dirigió una importante ampliación del espacio vital y de trabajo en la ISS, incluida la instalación de componentes fabricados por agencias espaciales europeas, japonesas y canadienses. Durante los seis meses que duró la misión, también realizó cinco paseos espaciales para llevar a cabo tareas de mantenimiento y montaje.

Tras pasar casi 192 días en el espacio, Peggy Whitson regresó a la Tierra a bordo de la Soyuz TMA-11 el 19 de abril de 2008. La tripulación de la Soyuz TMA-11 tuvo un viaje difícil y peligroso de vuelta a la Tierra; el módulo de equipamiento de la Soyuz no se separó correctamente del módulo de reentrada, por lo que la nave siguió una trayectoria de descenso inusualmente pronunciada. La tripulación realizó un aterrizaje extremadamente duro, que no alcanzó el objetivo por 470 kilómetros (300 millas). Whitson no sufrió lesiones permanentes.

De 2009 a 2012, Peggy Whitson fue jefa de la Oficina de Astronautas, que supervisa todas las actividades de los astronautas de la NASA, incluida la selección y el entrenamiento de la tripulación. El 17 de noviembre de 2016 volvió al espacio en su tercera misión de larga duración, la Expedición 51.

A su llegada a la ISS, Whitson era la astronauta femenina de mayor edad en el espacio. En marzo de 2017, Whitson realizó el octavo paseo espacial de su carrera con una duración combinada de 53 horas y 22 minutos, estableciendo un récord para una mujer astronauta. Al mes siguiente superó el récord del astronauta Jeffrey Williams de 534 días en el espacio, lo que la convirtió en la astronauta más experimentada de la NASA. Whitson estuvo a cargo de la ISS durante parte de la misión, lo que la convirtió en la primera mujer en comandar la estación dos veces.

Destacados

- Peggy Whitson se licenció en biología y química en el Iowa Wesleyan College de Mount Pleasant (Iowa) en 1981 y se doctoró en bioquímica en la Rice University de Houston en 1985.
- De 2009 a 2012, Whitson fue jefa de la Oficina de Astronautas, que supervisa todas las actividades de los astronautas de la NASA, incluida la selección y el entrenamiento de la tripulación. Whitson fue la primera mujer y el primer civil en ocupar ese puesto.
- El 10 de abril de 2017, Peggy Whitson se convirtió en comandante de la misión Expedición 51 de la ISS, que duró hasta el 2 de junio.

Realizó cuatro paseos espaciales en los que se mantuvieron o sustituyeron componentes de la estación.
- Peggy Whitson pasó casi 666 días en el espacio durante sus tres viajes de larga duración a la ISS, lo que la convirtió en la astronauta con más experiencia de la NASA.

Preguntas de investigación

---

1. ¿Cuáles son sus 5 científicas favoritas del siglo XX?
2. ¿Puede recomendar otras investigadoras famosas que la gente debería conocer e investigar?
3. ¿Cuál diría que es el mayor reto para las mujeres en la ciencia hoy en día?

Tu regalo

Tienes un libro en tus manos.

No es un libro cualquiera, es un libro de Student Press Books. Escribimos sobre héroes negros, mujeres empoderadas, mitología, filosofía, historia y otros temas interesantes.

Ya que has comprado un libro, queremos que tengas otro gratis.

Todo lo que necesita es una dirección de correo electrónico y la posibilidad de suscribirse a nuestro boletín (lo que significa que puede darse de baja en cualquier momento).

¿A qué espera? Suscríbase hoy mismo y reclame su libro gratuito al instante. Todo lo que tiene que hacer es visitar el siguiente enlace e introducir su dirección de correo electrónico. Se le enviará el enlace para descargar la versión en PDF del libro inmediatamente para que pueda leerlo sin conexión en cualquier momento.

Y no te preocupes: no hay trampas ni cargos ocultos; sólo un regalo a la vieja usanza por parte de Student Press Books.

Visite este enlace ahora mismo y suscríbase para recibir un ejemplar gratuito de uno de nuestros libros.

Link: https://campsite.bio/studentpressbooks

Libros

Nuestros libros están disponibles en las principales librerías online. Descubra los paquetes digitales de nuestros libros aquí:
https://payhip.com/studentPressBooksES

La serie de libros sobre la historia de la raza negra.

Bienvenido a la serie de libros sobre la historia de la raza negra. Conozca los modelos de conducta de los negros con estas inspiradoras biografías de pioneros de América, África y Europa. Todos sabemos que la Historia de la raza negra es importante, pero puede ser difícil encontrar buenos recursos.

Muchos de nosotros estamos familiarizados con los sospechosos habituales de la cultura popular y los libros de historia, pero estos libros también presentan a héroes y heroínas afroamericanas menos conocidos de todo el mundo cuyas historias merecen ser contadas. Estos libros de biografías te ayudarán a comprender mejor cómo el sufrimiento y las acciones de las personas han dado forma a sus países y comunidades marcando a las futuras generaciones.

Títulos disponibles:

1. 21 líderes afroamericanos inspiradores: Las vidas de grandes triunfadores del siglo XX: Martin Luther King Jr., Malcolm X, Bob Marley y otras personalidades
2. 21 heroínas afroamericanas extraordinarias: Relatos sobre las mujeres de raza negra más relevantes del siglo XX: Daisy Bates, Maya Angelou y otras personalidades

La serie de libros "Empoderamiento femenino".

Bienvenido a la serie de libros Empoderamiento femenino. Descubre los intrépidos modelos femeninos de los tiempos modernos con estas inspiradoras biografías de pioneras de todo el mundo. El empoderamiento femenino es un tema importante que merece más atención de la que recibe. Durante siglos se ha dicho a las mujeres que su lugar está en el hogar, pero esto nunca ha sido cierto para todas las mujeres o incluso para la mayoría de ellas.

Las mujeres siguen estando poco representadas en los libros de historia, y las que llegan a los libros de texto suelen quedar relegadas a unas pocas páginas. Sin embargo, la historia está llena de relatos de mujeres fuertes, inteligentes e independientes que superaron obstáculos y cambiaron el curso de la historia simplemente porque querían vivir su propia vida.

Estos libros biográficos te inspirarán a la vez que te enseñarán valiosas lecciones sobre la perseverancia y la superación de la adversidad. Aprende de estos ejemplos que todo es posible si te esfuerzas lo suficiente.

Títulos disponibles:

1. 21 mujeres sorprendentes: Las vidas de las intrépidas que rompieron barreras y lucharon por la libertad: Angela Davis, Marie Curie, Jane Goodall y otros personajes
2. 21 mujeres inspiradoras: La vida de mujeres valientes e influyentes del siglo XX: Kamala Harris, Madre Teresa y otras personalidades

3. 21 mujeres increíbles: Las inspiradoras vidas de las mujeres artistas del siglo XX: Madonna, Yayoi Kusama y otras personalidades
4. 21 mujeres increíbles: La influyente vida de las valientes mujeres científicas del siglo XX

La serie de libros de Líderes Mundiales.

Bienvenido a la serie de libros de Líderes Mundiales. Descubre los modelos reales y presidenciales del Reino Unido, Estados Unidos y otros países. Con estas biografías inspiradoras de la realeza, los presidentes y los jefes de Estado, conocerás a los valientes que se atrevieron a liderar, incluyendo sus citas, fotos y datos poco comunes.

La gente está fascinada por la historia y la política y por aquellos que la moldearon. Estos libros ofrecen nuevas perspectivas sobre la vida de personajes notables. Esta serie es perfecta para cualquier persona que quiera aprender más sobre los grandes líderes de nuestro mundo; jóvenes lectores ambiciosos y adultos a los que les gusta leer sobre personajes interesante.

Títulos disponibles:

1. Los 11 miembros de la familia real británica : La biografía de la Casa de Windsor: La reina Isabel II y el príncipe Felipe, Harry y Meghan y más
2. Los 46 presidentes de América : Sus historias, logros y legados: De George Washington a Joe Biden
3. Los 46 presidentes de América: Sus historias, logros y legados - Edición ampliada

La serie de libros de Mitología Cautivadora.

Bienvenido a la serie de libros de Mitología Cautivadora. Descubre los dioses y diosas de Egipto y Grecia, las deidades nórdicas y otras criaturas mitológicas.

¿Quiénes son estos antiguos dioses y diosas? ¿Qué sabemos de ellos? ¿Quiénes eran realmente? ¿Por qué se les rendía culto en la antigüedad y de dónde procedían estos dioses?

Estos libros presentan nuevas perspectivas sobre los dioses antiguos que inspirarán a los lectores a considerar su lugar en la sociedad y a aprender sobre la historia. Estos libros de mitología también examinan temas que influyeron en ella, como la religión, la literatura y el arte, a través de un formato atractivo con fotos o ilustraciones llamativas.

Títulos disponibles:

1. El antiguo Egipto: Guía de los misteriosos dioses y diosas egipcios: Amón-Ra, Osiris, Anubis, Horus y más
2. La antigua Grecia: Guía de los dioses, diosas, deidades, titanes y héroes griegos clásicos: Zeus, Poseidón, Apolo y otros
3. Antiguos cuentos nórdicos: Descubriendo a los dioses, diosas y gigantes de los vikingos: Odín, Loki, Thor, Freya y más

La serie de libros de Teoría Simple.

Bienvenido a la serie de libros de Teoría Simple. Descubre la filosofía, las ideas de los antiguos filósofos y otras teorías interesantes. Estos libros presentan las biografías e ideas de los filósofos más comunes de lugares como la antigua Grecia y China.

La filosofía es un tema complejo, y mucha gente tiene dificultades para entender incluso lo más básico. Estos libros están diseñados para ayudarte a aprender más sobre la filosofía y son únicos por su enfoque sencillo. Nunca ha sido tan fácil ni tan divertido comprender mejor la filosofía como con estos libros. Además, cada libro también incluye preguntas para que puedas profundizar en tus propios pensamientos y opiniones.

Títulos disponibles:

1. Filosofía griega: Vidas e ideales de los filósofos de la antigua Grecia: Sócrates, Platón, Protágoras y otros
2. Ética y Moral: Filosofía moral, bioética, retos médicos y otras ideas éticas

La serie de libros Empoderamiento para jóvenes empresarios.

Bienvenido a la serie de libros Empoderamiento para jóvenes empresarios. Nunca es demasiado pronto para que los jóvenes ambiciosos comiencen su carrera. Tanto si eres una persona con mentalidad empresarial que intentas construir tu propio imperio, como si eres un aspirante a empresario que comienza el largo y sinuoso camino, estos libros te inspirarán con las historias de empresarios de éxito.

Conoce sus vidas y sus fracasos y éxitos. Toma el control de tu vida en lugar de simplemente vivirla.

Títulos disponibles:

1. 21 empresarios de éxito: Las vidas de importantes personalidades exitosas del siglo XX: Elon Musk, Steve Jobs y otros
2. 21 emprendedores revolucionarios: La vida de increíbles personalidades del siglo XIX: Henry Ford, Thomas Edison y otros

La serie de libros de Historia fácil.

Bienvenido a la serie de libros de Historia fácil. Explora varios temas históricos desde la edad de piedra hasta los tiempos modernos, además de las ideas y personas influyentes que vivieron a lo largo de los tiempos.

Estos libros son una forma estupenda de entusiasmarse con la historia. Los libros de texto, áridos y aburridos, suelen desanimar a la gente, pero las historias de personas corrientes que marcaron un punto de inflexión en la historia mundial, son muy atrayentes. Estos libros te dan esa oportunidad a la vez que te enseñan información histórica importante.

Títulos disponibles:

1. La Primera Guerra Mundial, sus grandes batallas y las personalidades y fuerzas implicadas
2. La Segunda Guerra Mundial: La historia de la Segunda Guerra Mundial, Hitler, Mussolini, Churchill y otros protagonistas implicados
3. El Holocausto: Los nazis, el auge del antisemitismo, la Noche de los cristales rotos y los campos de concentración de Auschwitz y Bergen-Belsen
4. La Revolución Francesa: El Antiguo Régimen, Napoleón Bonaparte y las guerras revolucionarias francesas, napoleónicas y de la Vendée

Nuestros libros están disponibles en las principales librerías online. Descubra los paquetes digitales de nuestros libros aquí: https://payhip.com/studentPressBooksES

Conclusión

¡Gracias por leer! Esperamos que hayas disfrutado de esta colección de 21 mujeres increíbles en la ciencia.

Estas 21 increíbles mujeres son científicas notables que superaron muchos obstáculos con determinación y perserverancia logrando enormes avances contra todo pronóstico.

Deja que estas increíbles vidas hablen a tu corazón y comparte las historias con los demás.

Esperemos que hayas aprendido mucho de este libro, pero si no es así, vuelve a leerlo pronto porque siempre hay aspectos nuevos que aprender sobre las vidas de estas increíbles mujeres.

¿Has leído esta lectura educativa? ¿Qué te ha parecido? ¡Háznolso saber con una bonita reseña del libro!

Nos encantaría leerla, así que no dejes de escribir una.

www.ingramcontent.com/pod-product-compliance
Ingram Content Group UK Ltd.
Pitfield, Milton Keynes, MK11 3LW, UK
UKHW022012190726
13853UKWH00004B/1893

9 789493 258358